JN410089

판타지아, 발해

국립중앙도서관 출판예정도서목록(CIP)

판타지아, 발해 : 박해성 시집 / 지은이: 박해성. -- 대전 :
지혜, 2018
p. ; cm. -- (J.H classic ; 027)

ISBN 979-11-5728-308-8 03810 : ₩10000

한국 현대시[韓國現代詩]

811.7-KDC6
895.715-DDC23 CIP2018038010

J.H CLASSIC 027

판타지아, 발해

박해성

지혜

시인의 말

이슬도 꽃이 되고 별빛도 열매가 된다

지금 너는 무엇이냐, 여태껏 무얼 했느냐?

버릴까

들여다보니 불면증 앓는 시투성이,

– 돌베개를 베고 누운 내 친구 이명숙에게

보고 싶다는 말 대신 이 시집을 보낸다. 꼭 답장해라!

2018년
박해성

차례

시인의 말 5

1부

심금心琴 12
가죽소파 13
비금도 14
동백, 지다 15
비련悲戀 16
연안부두 17
수섬 18
오후 세시 19
강화도 20
개나리꽃이 피었습니다 21
지압판을 밟는 동안 22
봄날 23
몸살 24
삐꾸기를 찾아서 25
고려산 진달래 26
막 27
열하熱夏 소나타 28

2부

환승역에서 30
그리고 아무 일도 아닌 31
땅끝에 서다 32
취하다 33
매미는 파업 중 34
청산도 35
실종 36
밤참을 위하여 37
카타콤에서 38
회전근개증후군 39
태백산 40
다행이다 41
울릉도 42
편지 —M에게 43
경회루의 봄 44
국경 없는 시인회의 비망록 45
밤기차를 타고 46

3부

서포일지 — 48
군산항 — 49
묵모란 — 50
상강 즈음 — 51
애월 — 52
아사녀의 기도 —남북이산가족 — 53
벽제에서 — 54
판타지아, 발해 —발해시편 1 — 55
문득, 먹먹한 —발해시편 2 — 56
울다 —발해시편 3 — 57
체하다 —발해시편 4 — 58
냉이꽃 —발해시편 5 — 59
해바라기 — 60
진달래축제 — 61
묻다 — 62
일출행 — 63
오늘의 뉴스 — 64

4부

감포에서 一泊 — 66
메리 크리스마스 — 67
와중에 — 68
新 호랑이 설화 — 69
경주왕릉 — 70
지귀의 사랑법 — 71
삼릉 소나무 — 72
뿔 — 73
알레르기 — 74
윤칠월 소묘 — 75
행운목 — 76
봄날의 오해 — 77
계화도 — 78
운염도 — 79
보길도 — 80
화들짝 — 81
앓다 — 82

해설 • 발해, 그 환상적 상징의 세계 • 황치복 — 84

• 일러두기

한 연이 첫 번째 행에서 시작될 때는 > 로 표시합니다.

1부

심금心琴

심금은 악기입니다. 당신도 연주할 수 있는

가야금이나 바이올린보다 훨씬 오래 된 악기, 악보가 필요 없는, 인류 보편적인, 배우거나 가르칠 이유가 없는, 마두금 첼로보다 그 울림 더 절절해 피아니시모 흐느낌이 발해까지 다 적시는, 심금을 뜯다가 줄이 끊어져 막幕 내린 사람을 압니다. 이는 이제도 있고 전에도 있었고 장차에도 있을지니*

눈 감고 현絃을 튕기면 꽃몸살이 도진다는,

* 요한계시록 1:8 차용.

가죽소파

저건 분명 짐승이다
네 발 달린 야수다

전생에 목 축이던 사바나 와디를 건너
죽은 척 엎드려 있는 야생의 침묵이다

심장도 간 쓸개도 눈 코 입도 다 버리고
그 속내 허전한지 늙은 개 품고 살더니

드디어 성불하셨네
척추가 주저앉았다

비금도

"나 요즘 연애시 써, 도통 잠을 못 잔다니까"

계절로 치자면 늦가을쯤이고 하루라면 저물녘인 K가 롤리팝 같은 나타샤를 사랑하노라 고백합니다. 듣고 보니 비밀 같아 먼 수평선으로 눈길을 돌리는 나, 거짓이거니 농담이거니… 슬쩍 엿본 그의 두 눈이 우련 붉어집디다. 아, 병이 깊었구나! 나는 그냥 알 것만 같아 묵묵히 그의 뒤를 따라 걷습니다. K는 화난 듯 무안한 듯 저만치 앞서갑니다. 구부정한 뒷모습이 마치 나를 보는 듯해 눈물이 핑 돌았는데요. 나 또한 사랑에 빠져, 벼락같은 사랑에 빠져 발해를 놓지 못합니다그려. 그리하여 우리는 서로 함께인 듯 홀로인 듯 지치도록 명사십리를 걸었습니다.

나 또한 사랑에 빠져, 벼락같은 사랑에 빠져

동백, 지다

그대의 혈서 앞에
두 무릎을 꿇는다

아직 핏기 덜 마른
그 맹세에 덧난 사랑

엎드려
울음을 참는
입술에 입술을 대다

비련悲戀

복중 염천 허공중에 잠자리 한 쌍 엉켜있다
꽁무니를 맞댄 채 거미줄에 매달려 있다
저렇게 위험한 사랑을
나는 본 적이 없다

시커먼 왕거미가 능청스레 다가간다
선원사지 연꽃축제 흐드러진 잔칫상에
외마디 비명도 없이 머리통부터 먹히는 연인

그때 나는 보고 말았다, 남은 자의 비애를
푸르르 온몸을 떠는, 사생결단 발버둥치는,
애타게 요동칠수록 발기발기 날개 찢기는,

심장이 터질 때까지
껍질만 남을 때까지
둘이되 한 몸인 듯 죽음조차 가를 수 없는
저렇게 절절한 사랑을 나는 아직 해본 적 없다

연안부두

버스정거장 벤치에 한 여자 누워있습니다
물고기처럼 뻐끔뻐끔 담배연기 희롱하는
두둥실 솟은 만삭이 무연고 무덤 같습니다

노래인지 울음인지 그녀 흥얼거립니다

*그대여 아무 걱정하지 말아요** 그녀가 낑낑 일어납니다 나는 얼른 부축합니다 *그대 아픈 기억들 모두 그대여 그대 가슴 깊이 묻어버리고 오오…* 그녀의 몸에서는 까나리액젓 냄새가 확 풍깁니다 *지나간 것은 지나간 대로 그런 의미가 있죠* 고맙다는 인사 대신 그녀 목청을 높입니다 *떠난 이에게 노래하세요 후회 없이 사랑했노라 말해요* 도도한 고음에서 약간 바이브레이션이 갈라지는 그녀 허스키는 도발적입니다 사람들이 몰려들고 자동차가 밀리고 노선버스는 설 자리를 잃고… *후회 없이 꿈을 꾸었다 말해요* 앙코르 앙코르 박수갈채에 그녀 신들린 듯 레퍼토리가 풀려나오고 기어이 순찰차가 출동하고 엄마야~ 그녀 내 팔에 매달리고… 아 미친,

발해행 버스를 놓친 나는 동동 발 구르고

* 전인권 곡 '걱정 말아요, 그대' 가사 부분인용.

수섬

폐경기의 외딴섬
시울 붉은 노을 아래

바람에 투항하는가,
백기 흔드는 삘기꽃

세월에 백기를 들고
나도 항복할까보다

오후 세시

혼수품으로 따라 온 벽시계가 죽었다

시침 초침 다 멈춰도 멈추지 않는 별에서
억장이 무너졌나보다, 착각착각 착란처럼

열한 번 이사하는 동안 아이 셋을 낳았고
갑상선을 도려내고도 살아남은 그녀가
감정이 박제된 것처럼 울지 않던 그녀가

적당히 가난해서 엄살떨기 좋다더니
부동산 성공신화 투자명당을 헤매다가
불현듯 눈을 떠보니 신, 도시는 아니었을까?

해 지는 줄 모르고 오후 세시에 멈춰 선 이

막막한 생의 굴레를 벗어나려 작정한 듯
배후엔 발칙한 공범의 몽타주가 선명하다

강화도

해를 날로 삼킨다는 이무기 사는 겨울 바다
노을 마중 서두르다 그릇을 깼습니다.
아버지 남기고 가신 밥사발 박살났습니다.

백자인 듯 청자인 듯 파르스름 흰 살결에 밥을 담으면 밥그릇 죽을 담으면 죽그릇, 물그릇, 반찬그릇에 맵고 짠 가난이나 잘 삭은 고독까지 그 무엇을 담아도 좋은 짭짤한 살림인데…

살아서나 죽어서나 아버지는 급할 것 하나 없다는 눈치지만 다칠라, 환청에 먹먹 사금파리를 치웁니다. 사방천지 파편이 튀듯 여기저기 흩어진 슬픔, 죽은 이를 염하듯 살점을 조심 다룹니다. 아, 스스로를 깨고서야 그릇에서 풀려나 자유하시는 울아부지

잘 깼다, 글썽 웃으며 발해로 돌아가십니다.

개나리꽃이 피었습니다

만장일치 꽃 피네
적막강산 현충원길

볼 비비는 햇살에도
묵묵부답 석비 앞에

살풀이,
봄은 또 와서
흐드러진 굿판이네

지압판을 밟는 동안

다 늙은 냉장고가 앞 동에서 끌려나온다
온 식구 먹여 살리느라 마디마디 골병 든
그이는 이제 퇴출이다
치워야 할 쓰레기다

두 남자가 달려들어 트럭 위에 그를 묶는다
누구라도 퇴화가 용서되지 않는 세상
요양원? 아니 아니지…
고물 집하장인가?

남의 일인 양 흘깃흘깃 빨간 양산이 지나간다
목이 긴 접시꽃이 체머리를 흔드신다
현상과 현장 사이로 여우비가 스쳐간다

유언도 없는 마지막을 그저 지켜보는 이
종말을 예감했는가, 백악기 공룡처럼
지구를 꾹꾹 밟는다
최선인 듯, 달관인 듯

봄날

천제의 아들이신
환웅이 말씀 하셨다

내 이제
꽃을 보내 이 땅을 정화하리라

꽃들이 인해전술로 율도국을 점령하니

아무도 막을 수 없는
꽃 꽃 꽃사태라

서로가 발등을 밟고 아수라는
야단법석

하늘도 심란하신지 오락가락 투레질이다

몸살

긴 머리카락으로 마왕의 수의를 짜는 밤이야

어둠을 시침질하는 삼베 같은 빗줄기야 주술에 걸린 밤비야 불면을 사육하는 갈래갈래 채찍이야 손톱 밑을 찌르는 바늘이야 비명이야 검지 끝에 매달린 붉은 핏방울이야 화르르 신열이 꽃 피는 한바탕 계절이야 환장할 꽃그늘 아래 삼천년 묵은 이무기 허물 벗는 적막이야 먹구렁이 뱃속에서 꿈틀대는 작은 새야 숨 막히는 어둠을 베는 설미친 바람이야 연인의 정강뼈로 만든 피리야 피리소리야 귀먹은 돌의 노래야 밤새 짠 수의를 걸친 마왕의 휘파람이야

이 · 저승 접경을 헤매는 새벽이야, 개벽이야

뻐꾸기를 찾아서

잃어버린 소를 찾아 헤매는 한여름 밤

시간을 가두려다 되레 볼모잡혔는가,
금속성 늙은 뻐꾸기 초침만 내 쪼아댄다

노련한 자객인 듯 저벅저벅 다가서는

1.5볼트 냉혈심장 그만 확, 들어낼까?

불면의 옆구리에서 사산된 시편처럼

사랑인지 사상인지 매미소리 드높은데
노래인지 울음인지 목석같은 새 아닌 새

네 안에 너를 보아라, 뻐꾹뻐꾹 경을 왼다

고려산 진달래

천만년 살 것처럼
손가락으로 바위를 뚫고

끝내 뭉클 뱉는 말씀
고작 사흘 붉을 것을,

아직도
수로부인은
저 꽃 꺾어 달라하실까?

막

'막' 이라고 뱉으면 와락 과격해지고
'막막'이라고 되씹으면 문득 숙연해진다
사는 게 너무 막막해 아라연*꽃 보러 가는 길

눈부신 지느러미를 퍼덕이는 햇살 아래 이제 막 끝물 연들이
전생을 되씹는 곳 막 살까, 혼자 웃는다 붉은 꽃잎 뚝뚝 진다

각본 없는 이 연극은 언제 막을 내리려나 차안과 피안을 건너
칠백년을 걸어온 이, 몸도 넋도 다 비우고 진흙탕에 주저앉아

저 봐라, 부르튼 입술로 게송을 읊조리신다

* 2009년 5월 경남 함안 성산산성에서 발굴된 고려시대의 씨앗에서 발아한 연꽃.

열하熱夏 소나타

상투어가 컹컹 짖는 슬픔이 몰락해도
이 가슴에 말뚝 박고 묶여있는 그대 이름

지상에 없는 주소에서 불면은 시작됩니다

창밖엔 수의를 걸친 외등이 흥건한데
적막과 내통하는 그리움의 잔당들이
파르르 속눈썹 떨며 젖은 악보를 연주하는

어둠의 횡경막을 조율하는 매미소리
은하 물에 발목 적신 견우의 눈물인가,

새벽별 반짝입니다, 우주로 가는 티켓처럼

2부

환승역에서

무덤 같은 지하세계, 갈 길을 또 잃었다
예고 없는 정전인 듯 캄캄한 방향감각

눈 멀어 놓친 계단에 발목 삐끗, 접질리고

저기압 상승곡선 일렁이는 벽화 속을
익명의 그림자들 혼령처럼 스쳐간다

오래된 동상이몽이 만장처럼 펄럭인다

생은 본디 일방통행, 화살표를 따라가자
방금 떠난 열차는 꼬리만 가물거린다

나는 왜 늘 한발 늦어 가슴을 두드리는가

그리고 아무 일도 아닌

천년 전
꽃상여가 타령조로 떠난 길 위

개망초꽃 흐드러지다
일장춘몽 나비가 날다

흰나비
날아간 쪽으로
바람이 흘러가다…

땅끝에 서다

예전 우리 할머니는 천신天神의 여자였지만
아버지는 박혁거세 난생卵生의 왕족이지만
색맹의 금수저 앞에 이젠 그저 농담 같죠.

재벌의 서출도 아닌, 요절할 천재도 아닌

그래서 위험하거나 슬프지도 못한 내가 그대를 사랑합니다. 아찔한 절벽 아래 혓바닥을 널름대는 독사 같은 파도를 헤며 현기증으로 일렁이는 나, 하루하루 가는 길이 일엽편주 같은데요. 미친 척 독주 한잔 목구멍에 털어 붓고 사랑해서 미안합니다, 미안해도 사랑합니다! 고백도 못해본 사랑, 살아 포기할 수도 없고 이냥 죽을 용기도 없으니

사랑도 담보 필요해? 돌팔매나 날립니다.

취하다

울릉도 가는 뱃길
동쪽으로 가부좌하고
검붉은 오디주 한잔 이녁에게 권합니다
위하여,
술잔을 들고 '위하여'를 위하여!

목젓 채 젓기두 전 온 몸에 번지는 취기
바람보다 빠르다는 제석천 말을 타고
갈기를 휘날리면서 발해로 떠난 이여

절반쯤 남은 술병 참던 눈물 흘리는데
그대 지금 안녕한가,
차마 묻지 못하는 나
남은 술
마저 부으니
취한 바다 춤을 춥니다

매미는 파업 중

이제 그만 말로 하자
조근 조근 대화로 풀자
그토록 밤낮으로 명줄 걸고 외친 구호
알겠다,
살아남으려면
목소리 커야 한다는 걸

더 이상은 울지 말자
눈물 대신 대화로 풀자
맴맴맴 한철 좋이 하소하던 어질머리
어쩌랴,
껍질만 남아도
세상은 움쩍 않는 걸

청산도

파도가 지울 수 없는 그대 거기 있습니다.
돌담에 앉은 그리움은 늙을 줄도 모르는데
바다가 보이는 동산, 반쯤 삭은 초분草墳 하나

유채꽃에 감염된 부스럼 같은 그 풀무덤

죽은 이의 긴 적막을 겹겹이 덮은 이엉자락 눈비바람에 시르죽어 시나브로 주저앉네요. 얼기설기 묶은 새끼줄 힘줄이 느슨해져 허물 벗은 누룩뱀처럼 능글능글 꿈틀꿈틀 꽃밭을 기어 다니다 길인 듯 세월인 듯 어느새 굽이굽이 바닷가로 흐릅니다. 그 길 위 울아부지 새끼 밴 암소 몰고 발해까지 가시려나, 구불구불 느릿느릿 백팔 년째 걸어갑니다. 눈먼 소리꾼 피를 토해 한마당 풀어내는 서편제 북장단이 이명처럼 번지는 곳 처음 가본 그 땅이 왜 그리 낯익은지 목 메이게 정겨운지 청동기쯤이나 수세기 전 내가 태어난 마을도 같고 언젠가 나 초분에 누워 허허 막막 바닷바람에 휘파람 휘휘 불며 한 삼년 젖은 살집 곰삭히던 언덕도 같은

그 섬에 넋을 빼놓고 몸만 겨우 돌아왔죠.

실종

엑스레이를 찍는다
잃어버린 마음 찾으려

가슴을 관통하는 빛
신검神劍처럼 서늘한데

울지도
웃지도 않고
앙다문 하얀 뼈마디만

밤참을 위하여

뜸들이고 우려내는 기다림은 이제 싫어,
거미줄 친 동굴마냥 헛헛한 속내 달래 줄
밤참을 마련할까요,
아무나 하는 즉석요리

단단한 냉동피자 언 가슴 풀어헤치고
검지 까딱,
전자레인지 화들짝 일깨우면
한 조각 연민이 녹네요
열 받은 접시 위에

오래 씹은 껌처럼 끈끈한 아쉬움에
쉽사리 뜨지 못한 아홉 살 두레상 머리
이 빠진 사기 밥그릇 복福자가 선명했는데

보너스 같은 만찬의 밤 촛불 하나 밝혀놓고
울엄니 허기 지피던 아궁이 위해 잠시 묵념,
주르르, 촛농이 흘러 목젖 울컥 뜨겁네요

카타콤*에서

먹구름이 흘깃대는 여기는 로마의 변방

개미굴 같은 지하세계 폭 1미터 미로에서
산 자와 죽은 자들의 동행이 시작된다

이 · 저승을 넘나드는 난해한 어둠속에
식은 몸 구겨 넣었던 서너 뼘 벽감마다
그을음 머리 풀고서 숨죽여 흐느끼는데

이제는 다 용서하고 허공을 산책하는가,

한 조각 생명의 빵과 구원의 잔을 들고
실바람 말간 뒤꿈치 모퉁이를 돌아선다

* 초기 그리스도교 순교자들의 지하묘지. 로마제국의 그리스도교 박해시대에는 신자들의 피난처로도 이용되었다.

회전근개증후군

성마른 활갯짓에 왼쪽 죽지 덜컹댄다

태양을 동경하던 이카로스 닮았는지
양양한 공중 곡예에 밀랍이 녹은 힘줄

이 강산 만화방창 봄빛 아찔하다는데
X레이 흑백필름 그렁그렁 울상이다

어쩌나
어찌할거나,

저 꽃 다 지고나면…

태백산

겨울 산, 내 속내처럼 눈발이 시끄럽다. 눈길을 걷다가 잠시 뒤돌아보는 사이 북서풍의 시퍼런 칼날이 귓불을 도려낸다. 시베리아 벌판에서 갈기털을 휘날리며 달려오는 눈표범의 가쁜 숨소리, 그러나 내가 두려워하는 것은 무릎관절의 무정부주의다. 이탈은 타당한가, 몇 번인가 곁눈질도 했지만 먼저 간 사람들의 발자국을 벗어날 용기는 없다. 내가 나를 믿지 못하는 버릇이 온전한 족쇄다.

산등성이엔 바람신을 모시는 고사목들이 드문드문 서 있다. 신의 허연 입김이 눈보라처럼 흩날린다. 몸을 비울수록 의식은 맑아지는 걸까, 죽은 나무들 뼈만 남은 육신으로 묵언수행 삼매경이다. 여기 와 서니 시도 때도 없이 불한당처럼 쳐들어오던 외로움이 가장 친근한 나의 도반이었음을 알 것도 같은데, 허공의 내면을 관통한 바람이 미라처럼 서 있는 木神들을 다독인다. 그만하면 됐다는 듯

퇴행성 골다공증을 살뜰히 어루만진다.

다행이다

붐비는 시내버스에 우산을 두고 내렸다

나를 챙겨왔으니 그건 어디냐,
후유…

괜찮다,
어깨를 으쓱
가로등을 눈 흘기는

울릉도

저동항 뜨는 뱃전에서 뒤안길 돌아보니
산 아래 사람 사는 마을을 지키는 등대
망부석, 망부석 되어 눈빛을 다스리네요

이생에 발이 묶여 모가지만 길어진 그녀

허구한 날 천치처럼 바다만 바라보다 척추가 굳은 그 여자는 철 지난 유행가가 저도 몰래 입에 붙어 남자는 배 여자는 항구… 웅얼웅얼 훌쩍입니다. 외롭다, 엄살 떨며 발해를 헤매는 그대 지금은 어떠십니까?

물음과 울음을 물고 갈매기 맴을 돕니다

편지

— M에게

형광등 갈아 끼우다 무심코 쳐다 본 하늘
창밖엔 비가 오네, 내 가슴 눈 내리는데
이 추위 오뉴월에도 뼛속까지 스며든다

한때는 꽃이 져도 외롭다, 엄살하던 너
강 건너 양지 언덕에 돌베개 베고 누워
무엇이 그리 바쁜지 안부전화 한 통 없고

요즘은 천지사방 장미꽃이 요란하다
꽃이 다시 피어나듯 네가 다시 돌아오면
한 송이 장미가 꽂힌 찻집에서 우리 만날까?

PS, 이 편지 받거들랑 꼭 답장할 것
가끔씩 깜빡거리는 건망증 핑계 말고
새 등이 하도 밝아서 그쪽 세상도 보이겠다

경회루의 봄

골육상쟁 피가 튀듯
허공에 꽃이 핀다

마지막 쓴잔 앞에 인왕산이 울었던가,

그날 그
봄이 돌아와
왕조실록을 펼쳐든다

국경 없는 시인회의 비망록

개꼬리 원숭이가 백호처럼 트림하시네

– 막하 훌륭하시겠습니다, 염치불구 침 튀기는 똥파리 날파리들 엿 먹어라 박수치신다 쉿! 이건 일급비밀 눈치껏 아둔해야 해, 말에도 뼈가 있어 말로써 화 있을지니 눈뜬 자 장님 되고 진실을 들추는 자 소금기둥이 되리라 모른 척, 아는 척, 아닌 척, 그러한 척, 척척 삐까번쩍 모자를 눌러 쓴 잡신들이 힐끔 할끔 퇴장하면 더러는 손을 씻고 누군가는 귀를 씻지만 서로서로 그 이유를 물은 적은 없다는데

머잖아 비가 오려나, 신경통이 또 도지네

밤기차를 타고

무쇠심장 한 사나이 밤공기를 가른다
봄날은 쉼표 없이 뒤로 뒤로 흐르는데
차창에 어리는 눈빛, 낯설다
어릿광대여

어둠을 배경으로 유리창에 갇힌 그대
시속 300킬로미터 불꽃같은 속도전에
너와 나
어찌하다가
마주 벽이 되었는가

만만한 군것질처럼 물음표나 질겅대며
저 세상 가는 길도 KTX를 타고 갈까,
금속성 바퀴소리가 무한반복 재생되는

3부

서포*일지

별빛도 위리안치 죄목인 양 무거운 밤

눈 감으면 시왕서천 구만리가 지척이라

밤보다 캄캄한 몸이 초혼제를 올립니다

문풍지 흐느끼는 무덤 같은 초막에서

명부까지 들리시라, 구운몽 읊조리면

계면조 파도소리가 행간을 적시는데

사슴이 궁상각치우 해금을 켜는 세상

용궁이며 팔선녀도 하룻밤 꿈인 것을

나무꾼 장단에 맞춰 난바다를 건넙니다

* 조선 후기 문신이자 소설가 김만중의 호, 『구운몽』의 저자.

군산항

신분의 벽을 넘으려다 절름발이 된 아비는
전지전능 황금만능교 전전긍긍 신도였지요.
날마다 생의 바다에 낡은 그물을 던지던

그가 건져 올리는 건 변명 같은 쓰레기지만
술 취해 고래고래 고래를 끌고 돌아왔죠.
고래는 몸부림쳤죠, 시궁창이 넘쳐나도록

걱정마라, 이 아비가 너를 두고 죽겠느냐

반년 만에 돌아온 그는 화약내가 났습니다. 한밤중 개 짖는 소리에 대숲으로 사라진 이, 느닷없이 깨진 안경만 덜컥 돌아왔습니다. 만삭의 그 아내는 열길 우물에 몸을 던지고 빨치산, 빨갱이 새끼, 일곱 살 실어증이 발길질에 돌팔매에 붉게 물들었습니다. 그때부터 두려울 때면 나 발해로 도망쳤지요. 허상의 국경을 넘어 꼭꼭 숨어 울었습니다.

선지빛 석양을 지고 노신사 흐느낍니다.

묵모란

무명지를 깨물어 혈서 쓰던 그날처럼

떨리는 붓끝으로 훔치는 꽃의 입술

확 번진,
숨결 뜨거워

돌부처도 눈 뜨겠네

상강 즈음

서너 달 굴러다니던 책을 겨우 덮는다

귀 접힌 갈피에는 납작한 하루살이
행간엔 개미행렬 같은 낙서가 군시럽다

일 년쯤 품고 살던 시편을 아예 접는다

밥도 옷도 못되더라 스스로 달래가며
헤프게 음악을 튼다, 알아도 몰라도 좋은

꽃이 진 줄 알면서도 꽃밭을 서성인다

우수수 낙엽장경 넘기는 찬바람에
별이나 따러갈거나, 허공을 더듬는다

애월

제주 외딴 바닷가 혼자가 좋은 올레에는 수평선을 베고 누워 꿈꾸는 이 계십니다

피멍빛 자운영을 멍울멍울 덮고 계신 무연고 그 꽃잠이 깊어도 너무 깊어 감히 이름도 여쭤볼 수 없지만요 숨구멍 숭숭 뚫린 현무암 몇 덩이가 흉허물 없는 말벗인 듯 곁을 지키고 있습디다, 그들의 이야기가 무성한 풀덤불에는 철없는 바닷바람 숨바꼭질하는데요 바다는 바람을 키우고 바람은 잡초를 키우고 잡초는 실없이 그리움을 키우는지

뒤꿈치 하얀 낮달이 발해 쪽을 기웃댑니다

아사녀의 기도

— 남북이산가족

소슬바람 떨고 있는 오동나무 빈 가지에
그대와 걸어둔 달, 홀로이 밝은 이 밤

선 채로 바위가 되어 울음 첩첩 삼킵니다

꿈에 본 연서인 듯 아스라한 북녘하늘
시언은 다 지워지고 빈 행간만 휑합니다
헛디딘 발자국마다 젖은 별빛 흥건한데
두고 온 앞뜰에는 황국 여전 피는지
사태 진 그리움에 명치끝이 저립니다
하얗게 재가 된 시간 무서리로 흩날리는

새벽을 깨우려니 묵은 잠 너무 깊어
한 사발 정화수에 하늘 고이 담아둘 뿐

소지로 타오른 불꽃, 옮겨 붙은 가슴입니다

벽제에서

아이가 불쑥 물려준 귤 한쪽 울컥, 씹는다

　　　　화장실에 들앉아
　　　　　　싸
　　　　　　면
　　　　　　서
　　　　삼키면서

한 사람
　　젖은 육신이
　　　　　재가 되는 그 시간,

판타지아, 발해

— 발해시편 1

둥 둥둥 북소리가 천궁 활짝 엽니다.

아사달 아사녀가 비손하던 신라의 달이 발해 주작대로에 엷은 길을 펼칩니다. 달떴다, 어둠을 밀어내는 누군가 한마디에 나는 즉시 애마를 몰고 갈기 휘날리며 키 작은 풀꽃들이 꿈꾸는 초원을 지나 할아버지의 할아버지가 말 타고 누볐다는 대륙의 바람 속을 적토마처럼 내달려 오래전 연암이 건넌 열하의 푸른 물에 부르튼 발을 씻으리니

참아도 터지는 울음, 방목해도 좋으리라

문득, 먹먹한
— 발해시편 2

그대 아직 동해에서 구름을 읽고 계십니까?
지금 나는 홀로이 발해에 당도했습니다.
내 누이 눈웃음 닮은 낮달이 수줍네요.

몸의 집을 버리고 마음만 훌쩍 챙겨오니
이제야 알 것 같네요. 내가 나의 감옥이었음을
홍라녀* 피리소리에 어스름이 번집니다

발해는 그쪽보다 제법 더 춥습니다.

추워서 외롭습니다. 외로워 밤새도록 눈발이 흩날리는 황량한 벌판을 짐승처럼 헤맵니다. 때로는 어둠 속에 우뚝 선 고사목이 섬뜩한 자객만 같아 멈칫 물러서기도 했는데요. 간혹 정혜공주 스란치마 스치는 소리에 나도 몰래 뒤돌아본 적도 한두 번이 아닙니다. 엊그제는 지린성 정효공주 무덤을 돌며 해서체 금석문을 그렁그렁 더듬느라 새도록 뒤척였더니 몸살기가 도진 듯 신열이 오르내립니다. 한 생의 파란곡절이 고작 몇 줄 글자로 그렇게 요약되다니, 참으로 어이없어 울컥 동공이 뜨겁기도 했는데요.

언젠가 이 몸 떠나면 무어라 적힐 것인지…

* 거란에 포로가 된 발해의 왕세자를 적진에서 구출해낸 여자 무사.

울다

— 발해시편 3

진종일 비 옵니다. 아니, 진눈개비네요. 사방 5천리 해동성국 가슴에 묻고 살자니 한울님도 착잡하신지 오락가락 하십니다.

아무리 둘러봐도 잡초만 무성한 옛 성터, 발해는 어디 갔습니까? 비 오다 눈이 내리다 눈물이 흘러내리는 차창에 가만 이마를 식힙니다.

이 속내 쑥대밭입니다, 무너진 토성土城처럼

체하다
— 발해시편 4

며칠째 체한 듯이 명치가 빼근합니다.

산책을 나섰지요. 상경의 중심을 관통하는 주작대로는 이 도시의 등뼈이자 동맥입니다. 대낮 천천히 도심을 거닐다 한 사내를 만났어요. 어느 전쟁터에서 부상을 당했는지 맨발로 절뚝이는 무장해제 패잔병, 봉두난발에 겹겹이 걸친 찌든 넝마조각이 그날 그 갑옷인 듯 참 버거워 보였습니다. 발해 변방 사투리인지 중얼중얼 히죽히죽 알 수 없는 혼잣말로 도깨비 허깨비처럼 흐늘거리는 젊은 사내 텅텅 비워 빈 눈동자 깊이를 잴 수 없는 먹먹한 그 어둠을 어쩌나, 나는 흘깃 훔쳐보고 말았는데요. 주변을 압도하는 장엄한 지린내 속에 시커먼 손가락으로 불어터진 국수발을 입속으로 쓸어 담는 아, 그도 한때는 천리마 잔등에서 활쏘며 신출귀몰 이 산하를 주름잡던 용맹스러운 전사였을 터

여기는 어디입니까? 패배주의가 꽃피는

냉이꽃

— 발해시편 5

당신도 알고계시죠, 청룡 백호 주작 현무

그래요, 발해의 동서남북을 지키던 불멸의 수호신입니다. 그들이 잠깐 한눈파는 사이 거란족 야율아보기 혈마가 왕국의 담을 넘었답니다. 926년 정월의 일이었죠. 바로 엊그제 일만 같은데요, 생딱지 뗀 흉터처럼 기둥뿌리만 남아있는 상경 용천부 무너진 제1궁전 터에는 왕조의 몰락 이후 무혈 입성한 냉이족이 잔설에 발을 담그고 폐허를 경작합니다.

가난한 홀어미처럼 입술이 창백했지요.

해바라기

그리하여 너는 그때
화가의 귀를 잘랐고
순정한 한 여인의 심장을 할퀸 적 있지
아흐레 굶어 죽었다는 님프는 그만 잊으리라

그 가슴 까맣게 적힌
비망록이 증거이니
그대 노란 변명은 신성모독이 될지 몰라
윤칠월 정오가 만든 불가사의가 될지도 몰라

불구하고
네게서 일편단심을 구하노니
신의 의중을 읽듯
허공의 내면을 읽듯

요절한
시인의 무덤
빗돌 대신 서 있기를

진달래축제

다만
마법에 걸린
중생을 살펴주소서

단 며칠 피고 지는
속절없는 사랑 앞에

한번쯤
눈이 멀도록
찬란을 허락하소서

묻다

젊은 목수 손바닥을 꿰뚫은 못 자국처럼
피 식은 해가 걸려있는 환절기 도심 공원
길길이 갈대숲 그늘에
길고양이 잠들었다

침묵도 대답인 양 몸을 잔뜩 웅크린 채
살아서 그러했듯 소음 뒤에 숨어있다
지노귀 춤사위인가
갈꽃 분분 날리는데

거리에서 태어나서 거리에서 사랑하고
거리에서 죽었노라, 비문이라도 남길까

신들의 의중을 묻는 바람소리 소슬하다

일출행

그저 허공을 응시하는 일이므로
각오는 필요 없다
기다림은 상투적이다

죄 없는 별들을 삼킨 여명의
무심이 붉다

밤새도록 우려낸 고뇌가 저런 색일까,

렌즈로 보는 세상은 왜곡이 미덕이라
환하게 뼈를 드러낸 갈대꽃을 앞세우고

먹구름을 밀어내는 백두대간 숨소리에

영원도 하루 같고
하루도 영원 같은

정령치 산등성이가 깨어난다,
두근두근

오늘의 뉴스

송곳니를 드러내고 성난 바다 포효합니다

수많은 대가리를 안하무인 휘두르는 히드라 같은 저 파도 오늘은 수학여행 아해들을 이냥 날로 삼켰답니다. 통곡의 부둣가에는 산발한 깃발들이 칼라화면을 뒤덮는데 바다는 말문을 닫고 증언을 거부합니다. 날벼락 같은 재앙 앞에 허공을 찢던 비명들이 구천을 떠도는 이 땅에서 밥도 옷도 안 되고 구멍조끼 하나 못되는 시시한 시를 붙들고 씨름하는 내가 한심해 오호통재라, 쥐구멍을 찾다가…

세상을 뒤집어볼까, 리모컨을 찾다가…

4부

감포에서 一泊

봉두난발 밤안개에 몸도 맘도 젖었는데

그대 창에 어리는
뜨거운 도화 그림자

설미친
처용의 춤이
흰 파도로 출렁인다

메리 크리스마스

지린내를 방목하는 늙은 목자를 만났다

징글벨이 징글징글 뒤엉키는 도심에

드디어 임하셨도다,
속죄양의 현신인 듯

지상의 가장 낮은 곳 쓰러진 팽이처럼

찬송가 수레를 끄는 개 같은 크리스마스

한번쯤 허락하소서
홀려도 좋은 홀리데이!

와중에

공들여 쌓은 디지털 성에 오랑캐가 잠입했다

익명을 휘두르며 번뜩이는 저 눈빛
만만한 먹잇감 찾아 망토자락을 펄럭인다

이해와 오해 사이 오독과 고독 사이
승자도 패자도 없이 붉은 비명 낭자하다
오늘의 생존 명제는
필생즉사必生卽死 필사즉생必死卽生

적에게 알리지 마라, 이 가슴 명중된 화살

무너진 말의 신전에 숨어든 패잔병인가
숨죽인 오랑캐꽃이 보랏빛 연막을 친다

新 호랑이 설화

그분이 속삭였어, 떡 하나 주면 안 잡아먹지

떡도 없고 빽도 없고 힘도 없고 배짱도 없는 내 이름은 말뚝이, 간 쓸개 다 빼 드릴게요, 발바닥이라도 핥을게요 온 몸이 손발 되어 천신만고 살아남은 아수라 토굴에서 불혹의 지문 닳도록 왼새끼만 꼬았는데 한울님께서 잠시 잠깐 낮잠 드신 틈을 노려 바로 내가 꼬아 바친 바로바로 그 새끼줄로 그분 손수 내 몸뚱이 꽁꽁 묶더니만 훤칠한 나무에 매달고는 얼씨구, 식기 전에 시식하시라 호랑이를 부르는거라, 쫄병살려머슴살려가장살려죽기살기죽어도살기발버둥에몸부림에용천지랄법석에발광을치다 보니 어럽쇼? 목이 부러져 쓰러진 저, 저, 저, 우리들의 위대한 갑 그 양반이 아니신가! 오예, 신세대 호랑이는 누구를 닮았는지 공짜를 좋아해서 나무타기 싫어해서 널브러진 그분을 덥석 물고 가는 거라, 싱싱한 비계덩이를

자기야 나 잡아봐라, 꼬리치는 반달 아래

경주왕릉

오늘도
왕께서는 불면에 뒤척이신다

꽃등 밝혀 보초를 선
목련이 그 증거다

편년체 진술한 서사는
아직도 미완이신가?

지귀의 사랑법

빼꾸기 말고는 아무도 울지 않던 시절

여왕의 금팔찌를 목숨처럼 고이 품고
서라벌 한 사나이가 불꽃인 양 타올랐네

천 삼백년 꺼지지 않는 속절없는 불덩이여

그 누가 알겠는가, 울혈 맺힌 그 상사相思를

기어이 지축을 흔들며 진도震度 5.4 오열하는

이루지 못할 사랑에 달조차 숨어버린 밤

천둥 번개 짐승처럼 울부짖는 계림에서
노숙의 잠을 청하네, 먼 옛날 당신처럼

삼릉 소나무

제왕이 죽은 후에도 충절은 창창하다

무덤을 호위하는 무사들의 우람한 근육
툭하면 몸을 날릴 듯
　　　　　　꿈틀꿈틀 용틀임이다

맹금류의 후예일까, 침엽의 푸른 깃털

곁가지로 위장한 날갯죽지 근지러워

푸드득 홰치는 소리에
　　　　　　화들짝, 열리는 하늘

뿔

그대가 떠난 이후 구백 아홉 번째 봄입니다.

가령, 내 가슴 진공장치에 통증 분자를 추출하여 미래학적 빈사 상태로 유지할 수 있다는 과학적 가설은 참일까, 거짓일까? 묻는다면 이별은 그 등위의 개념이 차지하는 정신적 질량을 객관적으로 정의할 수 없으므로 발해보다 더 풀기 어렵다 말할래요. 세월이 명약이라 믿고 산 건 아니지만 정답도 오답도 없는 난공불락 그리움이 물오른 목련 가지마다 울먹울먹 맺히는 계절

저것은 누구 뿔입니까? 하늘이라도 치받을

알레르기

이녁의 바다가 키운 고등어를 먹었지요
내 몸에 적籍을 두고 만개하는 바이러스
그 푸른 지느러미로 꽃밭을 일굽니다

그립다는 말 대신에 붉은 꽃을 보낸 이여,

달콤한 불안을 지고 동행하는, 행동하는 나의 도반이여 중독은 모호하고 발진은 난해하므로 문득 돌아 온 발해가 나를 못 알아보고 헤맬까 걱정입니다만 스테로이드 함량미달 맹물 같은 나의 시는 번지는 열꽃 하나 달래지 못하는데

머잖아 우화하려나, 등이 자꾸 가렵네요

윤칠월 소묘

*

정수리 밟고 가는 된소나기 저 역마살
구름족의 후예처럼 바람의 전사처럼
떠날까, 나도 떠날까, 집도 절도 다 버리고

*

어둠을 박음질하는 빗줄기가 촘촘하다
빛바랜 유행가 같은 이생의 여울목쯤
순하게 모로 눕는다, 역류를 접은 물풀처럼

*

이별의 왈츠인가, 잠자리 떼 맴도는데
윤칠월 땡볕에 취해 속살까지 붉은 고추
앙가슴 빠개 젖히고 매운 생을 말리신다

행운목

실없이 키만 우쭐거리는 저것, '행운'은 쥐뿔, 사정없이 허리를 뎅겅 잘라 반 토막 내버렸지 근본도 모르는 것, 뿌리도 없는 것, 그냥 버릴까… 하다가 이파리의 허세를 제거하고 생수병을 잘라 틱, 꽂아 두었는데

플라스틱 물병 속에서 겨울을 지낸 막대기, 눈도 코도 귀도 없는, 살았는지 죽었는지 의심스러운 발해, 버릴까… 살펴보니 세상에나, 밀서 같은 침묵 속에 움트는 신생 왕조

절망의 등뼈를 딛고 치켜드는 저 홰뿔!

봄날의 오해

〈자목련〉

귀족의 자줏빛 휘장, 그녀가 돌아왔다
초라한 내 집 앞을 몇 날 며칠 서성이더니
기어이 고백하려나, 와락 울음 터트리는

〈벚꽃〉

지느리미 하늘하늘 헤엄치는 꽃 이파리
손바닥에 올려놓고 후우 후 불다보면
새순이 돋으려는지 목젖 이냥 간지럽고

〈오얏꽃〉

어느 왕가 비운의 옹주 눈물 뚝뚝 떨어진다
산산이 찢긴 족보처럼 허공을 맴도는 꽃잎
자꾸만 뒤돌아본다, 바다 건너 유배 가시듯

계화도

계화, 가만 부르면 감전된 듯 아득해지는 달맞이꽃 닮은 그 여자는 일월성신의 딸이었소 뉘 가슴 깊은 골짜기 첩첩 숨겨둔 맹세였소 잊자 잊어버리자, 고이 접은 천 마리 학을 모질게 불살랐건만 나는 왜 아직도 그 이름에 멈춰 설까?

오늘밤 한 백년 만에 당신을 만나러 가오 잘 벼린 작두날 위 춤추던 불나비여, 울면서 무릎 꿇고 이녁의 하얀 맨발에 입 맞추던 밤이었소 오방색 종이꽃이 흐느끼는 제단 아래 홀린 듯 신들린 듯 슬픔조차 황홀했는데

그때는 왜 바보처럼 사랑이 두려웠나 몰라,

그날처럼 잡귀들이 으르렁대는 어둠을 뚫고
물속으로 실성실성 걸어 들어간 새벽달이
두둥실, 피어오르네 그녀의 치마폭처럼

운염도*

죽은 바다 시체 같은, 거북이 등딱지 같은
생살이 다 갈라 터진 그런 여자를 아시나요?
더 이상 짠물조차도 들어오지 않는 가슴의

위리안치 파도는 무릎을 꿇었다지만 그 품에 살던 착한 중생 다 어떻게 되었을까? 그것이 궁금한 누군가의 그림자가 이름 모를 행성에 불시착한 지구인처럼 망연자실 서성입니다.

마치 고대 화석이나 발해무덤 벽화처럼 승천한 용의 척추 꿈틀대는 갯골이며 한줄기 난을 치는 일필휘지 수묵화는 그녀가 마지막 혼을 쏟아 부은 역작인데요. 손톱만한 어린 게가 한 잎 하얀 꽃잎처럼 풍장에 든 균열과 신열 사이 세상에나! 아장아장 칠면초가 붉습니다. 목숨의 정수를 뽑아 바닥을 치고 일어섭니다.

별일도 아니라는 듯 선하품을 하는 바람

* 인천 청라신도시와 영종도 중간에 위치한 섬. 현재 해양공원 조성 공사 중이다.

보길도

달이 떠, 내 안에 잠 못 드는 달이 떠
은빛 활이 휘도록 바다를 탄주합니다.
밀물도 썰물도 아닌 적막이 밀려드는 밤

월하정인* 호롱불 흔들리던 그날처럼

384,400km 떨어진 달에 홀려 파도는 대책 없이 너울너울 달려왔다 아차차, 각성한 듯 몽돌밭을 돌아섭니다. 오늘도 밀고 당기는 달과 바다 사이, 그대의 인력引力을 벗어나지 못한 나도 새도록 일렁입니다. 그렇게 수세기가 흐르고 또 누천년이 흘러서 망월봉 신선이다가 세연정 연꽃이다가 달이 떠, 으늑한 어느 길목 흘깃 스치는 그림자에 이녁의 몸내 같은 해초 냄새 뭉클 번지는 선잠 속 사랑을 좇다 생시처럼 넘어지고 화들짝 나를 엎지르고

바람을 건너시는가, 푸른 고래 울음소리

* 조선시대 풍속화가 신윤복의 그림.

화들짝

살얼음진 웅덩이를 살짝 스쳐 밟았다
아자작, 잔뼈가 부서지는 그 소리에
화들짝,
발을 뺐으나
아아 망가진 달,

그대가 내 가슴을 살짝 스쳐 밟았다
우지직, 외사랑이 금가는 그 소리에
화들짝,
앞섶을 여민다
아아 핏물이 밴,

앓다

삭신이 욱신 작신, 마냥 아우성입니다

나의 몸은 창세기부터 통증을 훌륭히 키워내는 대자대비 숙주입니다. 죄 없는 질병들을 어린양처럼 부양하느라 고달플 때도 있지만요 그들이 있어 사실 나는 심심할 틈이 없지요. 요즘 들어 양들은 가끔 늑대가 되기도 하지만 그들을 함부로 때려잡을 수는 없답니다. 늑대를 잡으려면 내 안의 비밀동굴을 파헤쳐야 하는데요, 나는 발해로 통하는 유일한 통로이므로 헤프게 열리고 싶은 생각이 없기 때문이죠. 항복 대신 마지못해 협상을 선택하고 알약을 삼킵니다. 이렇게 삼킨 것들을 다 모으면 아마 내 몸무게쯤 되지 않을까 갸웃갸웃, 알약들이 꿀렁거리는 가죽부대가 걸어갑니다. 있는 듯 없는 듯이 발해는 감감하고 자칫 낡은 부대자루가 터질까 내심 조마조마한데

오늘은 날이 흐려서 아무 생각 않을래요.*

*『조주록』하권에서 차용.

해설

발해, 그 환상적 상징의 세계

황치복 문학평론가

발해, 그 환상적 상징의 세계

황치복 문학평론가

1. 세계상, 시간의 파괴적인 힘이 작동하는

박해성은 2010년 《동아일보》 신춘문예에 시조가 당선되어 문단에 나온 후 『비빔밥에 관한 미시적 계보』(리토피아, 2012)와 『루머처럼, 유머처럼』(현대시학, 2015) 등의 두 권의 시조집을 발간한 바 있다. 그동안 시인은 첫 번째 시조집에서 시절가조時節歌調라는 시조 양식의 특성을 충분히 살려서 현실에 대한 풍자와 비판을 주조로 하는 작품 경향을 보이다가 두 번째 시조집부터는 좀 더 존재론적 조건과 존재에 본질 탐구라는 형이상학적인 주제로 경사되는 경향을 보이고 있었다. 이러한 관심의 흐름과 시적 사유의 깊이가 세 번째 시집인 『판타지아, 발해』에 이르러 '발해'라는 상징의 숲을 만들어냈을 것이다.

박해성의 세 번째 시조집인 『판타지아, 발해』는 시집 전체가 '발해'라는 하나의 상징의 숲을 이루고 있다는 점에서 한국시조사에 기록될 만한 작품집으로 오랫동안 기억될 것이다. 그동안 현대시에서는 조정권의 『산정묘지』라든가 황동규의 『풍장』, 그리고 장석주의『몽해항로』등의 시집을 통해서 독특한 상징의 세계가 구축된 바 있지만, 시조집을 통해서 하나의 상징적 세계가 완성된 사례는 찾아보기 어렵다. 한 편의 시집은 시편들의 집적을 통해서 어떤 시적 경향성이나 방향성, 혹은 시적 특성을 지니기 마련이지만 그것들이 반드시 어떤 상징의 유기적 세계를 형성하지는 않는다.

하나의 시집이 상징의 세계를 이룬다는 것은 시의식의 집중이 전제된다는 점에서, 그리고 시인 고유의 유기적이고 체계적이며 근원적인 하나의 세계가 형성된다는 점에서 그것은 문학적 사건으로 기억할 만하다. 더구나 시절에 대한 감회나 신념에 대한 확인, 혹은 사연에 대한 서정을 주된 시적 대상으로 삼아서 '노래'라는 형식을 고수했던 시조에서 하나의 상징적 세계를 접하는 것은 새로운 경험에 속한다. 한 권의 시조집이 하나의 상징적 세계를 창조했다는 것은 시조가 더 이상 파편적인 일상과 시절에 대한 감회를 노래하는 양식이 아니라 존재론적 세계를 궁구하고 삶의 근원적 형식에 대해 천착하는 '탐구'로서의 양식임을 실증한 사건이기도 하다는 점에서 주목할 만하다.

박해성이 구축한 환상적인 '발해'라는 상징의 세계로 들어가보자. 그러기 위해서 우리는 현실 속에 작동하는 '시간'이라는 기제와 시인이 집중적으로 주목하고 있는 '섬'이라는 고립된 장소로서의 이미지를 통과해야 한다. 먼저 시인의 현실 인식은「新호랑이 설화」라든가「매미는 파업 중」,「와중에」등의 작품에서 드러나는 것처럼 사회의 구조적 모순과 부조리에 대한 관심이 없는 것은 아니지만, 주로 유한한 존재로서 실존적 인간이 처한

한계상황에 대한 관심이 주조를 이루고 있다. 유한한 존재가 처한 한계상황이란 파괴적 시간의 자장 안에서 벗어날 수 없다는 것, 그리하여 낡아가면서, 마모되면서 희미해져 간다는 것, 결국 소멸과 무화의 길을 벗어날 수 없다는 운명이다.

> 잃어버린 소를 찾아 헤매는 한여름 밤
>
> 시간을 가두려다 되레 볼모잡혔는가,
> 금속성 늙은 뻐꾸기 초침만 내 쪼아댄다
>
> 노련한 자객인 듯 저벅저벅 다가서는
>
> 1.5볼트 냉혈심장 그만 확, 들어낼까?
>
> 불면의 옆구리에서 사산된 시편처럼
>
> 사랑인지 사상인지 매미소리 드높은데
> 노래인지 울음인지 목석같은 새 아닌 새
>
> 네 안에 너를 보아라, 뻐꾹뻐꾹 경을 된다
>
> — 「뻐꾸기를 찾아서」 부분

"금속성", "노련한 자객", "냉혈심장", "목석" 등의 시어들이 시간의 냉혹하고 엄정한 속성과 그 파괴적인 성질을 잘 드러내주고 있다. 시조의 첫 구절에서 "잃어버린 소"를 등장시킨 것을 보면 심우도尋牛圖를 연상시키는데, 그렇게 본다면 자신의 본성을 찾아 깨달음에 이르는 과정에서 시간의 문제를 해결하는 것이 관건이 된다는 시인의 인식을 읽어낼 수 있다. 그런데 시간에 대해서 아무런 생각을 하지 않으면 우리는 시간에 대해 잘 알고 있다고 생각하지만, 시간에 대한 사유에 붙들리는 순간 우리는 시간의 속성에 대해 아무 것도 알지 못한다는 사실을 발견하게 된다. 시간을 장악하고 정복하려고 하는 순간, 오히려 우리는 시간에 붙들려 시간의 포로가 되고 마는 것이다.

그리하여 시간은 우리가 의지로 제어하거나 통어할 수 없는 엄정한 외부의 힘으로 인식되고, 우리는 그 파괴적 얼굴을 확인하며 전율하게 된다. 그것은 빈틈을 보이지 않는 "노련한 자객"처럼 우리를 향해서 다가오고 있는 것이다. 아마도 시간의 파괴적 국면을 가장 예민하게 느끼는 존재 가운데 하나가 매미일지 모른다. 그것들은 대체로 7년의 유충기간을 거쳐 성충이 된 다음 대략 15일이라는 시간을 살다가 죽기 때문이다. 이 시에는 생명체의 울부짖음인 매미의 울음소리와 냉철한 자객과 같은 금속성의 소리를 내는 "목석같은 새 아닌 새"인 뻐꾸기 시계의 울음소리가 서로 충돌하면서 대립하고 있다. 물론 매미의 울음소리는 뻐꾸기 시계의 울음소리에 묻혀 사라질 것이다.

시적 화자는 이러한 시간의 엄혹한 기율을 환기한 다음 자신의 내면을 들여다보기를 권한다. 내 안의 나란 곧 나의 본질일 터인데, 그것은 결국 시간의 포로라는 것, 시간의 파괴적 작용에 취약한 연약하고 나약한 속성을 지니고 있음을 자각할 것을 권

유하고 있는 셈이다. 더군다나 오늘날 기술문명의 발전은 시간을 더욱 빠르게 하는 효과를 발휘하고 있다. “시속 300킬로미터 불꽃같은 속도전”과 같은 삶을 강요하는 사회를 살아가는 현대인들은 그리하여 “저 세상 가는 길도 KTX를 타고 갈까”(「밤기차를 타고」)라고 반문하게 되는 시간 감각을 경험하고 있다. 시간의 흐름은 우리의 삶을 근원적으로 규정하면서, 또한 우리가 죽음에 대해서 항상 상기하도록 하는 기제로 작동하고 있는 것이다.

다 늙은 냉장고가 앞 동에서 끌려나온다
온 식구 먹여 살리느라 마디마디 골병 든
그이는 이제 퇴출이다
치워야 할 쓰레기다

두 남자가 달려들어 트럭 위에 그를 묶는다
누구라도 퇴화가 용서되지 않는 세상
요양원? 아니 아니지…
고물 집하장인가?

남의 일인 양 흘깃흘깃 빨간 양산이 지나간다
목이 긴 접시꽃이 체머리를 흔드신다
현상과 현장 사이로 여우비가 스쳐간다

유언도 없는 마지막을 그저 지켜보는 이

종말을 예감했는가, 백악기 공룡처럼
지구를 꾹꾹 밟는다
최선인 듯, 달관인 듯

— 「지압판을 밟은 동안」 전문

이 시의 시적 공간에는 온통 죽음의 현장과 사건과 죽어가는 주체들로 들끓고 있다. 수명이 다해서 앞 동으로 끌려나온 냉장고, 죽음으로 가는 마지막 정거장인 요양원과 고물집하장, 그리고 죽어가는 것들을 무연히 지켜보는 빨간 양산 쓴 이, 목이 긴 접시꽃도 곧 죽어갈 것들에 지나지 않는다. “유언도 없는 마지막을 그저 지켜보는 이” 또한 “종말을 예감”하고 있는 죽어야 할 존재임에 틀림없다.

다가오는 죽음에 대한 주체들의 태도는 수동적이거나 무기력한 모습을 보이는데, 이러한 모습들은 곧 불가피한 죽음의 성격과 그것에 대해 모든 존재자들이 체념적으로 수용하는 태도를 시사한다. 즉 수명이 다한 늙은 냉장고는 “끌려나오”고, 그러한 죽음을 목격하는 빨간 양산을 쓴 사람은 “남의 일인 양 흘깃흘깃” 보면서 지나간다. 또한 죽음은 “유언도 없는 마지막”의 형식을 취하고 있으며, 그것을 지켜보는 사람은 무기력하게 “그저” 바라보고만 있다. 죽음은 모든 존재자들에게 해당되는 보편적인 현상으로서 누구도 거기에서 예외가 될 수 없으며, 어떤 의지와 노력도 무화시키는 니힐의 극치를 보여준다.

물론 이러한 현상의 근원에는 시간이 있다. “퇴출”이라든가 “퇴화”, 혹은 “골병 들다”, “지나간다”, “스쳐간다” 등의 어휘들이 존재자들의 죽음의 근원에 시간이 작동하고 있음을 알려준다. 시의 마지막에 등장하는 "백악기의 공룡"은 한 종족의 죽음을 통해서 죽음의 보편적 속성과 그것의 불가피성을 상징적으로 표상해준다. 그런데 이를 바라보는 시적 화자의 태도는 어떤가? "최선인 듯, 달관인 듯" "지구를 꾹꾹 밟"아보는 것이 전부이다. 시간의 파괴 작용과 죽음의 도래를 피할 수 없는 유한한 인간의 무기력한 행보가 나타나고 있는 셈이다. 보통은 이럴 때 억지를 부려 불로장생을 꿈꾸어보기도 하지만 대체로 종교에 귀의하여 내세를 꿈꾸는 것이 일반인들의 태도일 것이다. 하지만 시인은 시적 상상력과 환상을 통해서 그러한 파괴적 국면에서 벗어날 논리를 찾거나 대안을 마련하려고 한다. 박해성 시인은 존재자들이 지닌 시간의 유한성을 극복할 수 있는 다양한 대안을 모색해본다. 그중 하나가 자연 속에서 순환하는 시간의 발견일 것이다.

천년 전
꽃상여가 타령조로 떠난 길 위

개망초꽃 흐드러지다
일장춘몽 나비가 날다

흰나비
날아간 쪽으로
바람이 흘러가다…

—「그리고 아무 일도 아닌」 전문

천년 전에 한 유한한 존재자가 죽음으로 걸어갔던 길에 다시 개망초가 흐르러지고, 흰 나비가 날아간다. 시적 절제와 압축의 표현을 풀어보면, 길 위에서 이루어진 존재자의 죽음과 새로운 존재자들의 탄생은 천년 동안 반복되어 온 것이다. 따라서 그 "길"은 바로 "시간"이라고 할 수 있으며, 시간은 존재자의 소멸과 탄생의 반복이라는 형식을 내포하고 있으며, 하나의 "길道"로서 존재자들이 걸어갈 근원으로 존재하고 있다. 이 길 위로 개망초라든가 흰나비 등이 "일장춘몽"처럼 흘러왔다 흘러가고, 이러한 현상에서 인간도 예외는 아니다. 생명의 입장에서 보면, 탄생과 죽음과 같은 현상은 하나의 극적인 사건으로서 전율과 공포를 야기할 만한 것이지만, 그러한 사건들의 명멸에 대해서 시간은 태연하며 바람처럼 흘러갈 뿐이다. 시조의 제목처럼 그러한 드라마틱한 사건에 대해서 시간은 "아무 일도 아닌"것처럼 바람처럼 흘러갈 뿐이다.

박해성 시인이 주목하고 있는 현상, 즉 인간의 유한성과 파괴적 시간의 본질적 속성이라는 문제의식에 비추어 보면, 이처럼 하나의 자연으로서의 '시간' 관념은 크게 도움이 되지 않을 것이다. 인간의 유한성과 파괴적 시간의 손아귀에서 벗어날 수 있는 길이 자연으로서의 시간성에 있다면, 모든 인간적인 것들의 포기와 자연으로서 귀의가 있을 뿐이기 때문이다. 인간적 유의미성을 지니면서도 시간의 파괴적 국면에서 벗어날 수 있다면 그것이야말로 시인이 추구하는 궁극적인 해방의 길일 수 있을 것이다. 이때 발견한 것이 바로 '화석'이라든가 '미라', 혹은 고대나 선사시대의 유적과 유물들이 간직하고 있는 거대한 시간성인데, 그것들은 몇 천의 시간을 내포한 채 현현해 있다는 점에서 '영원한 현재'로서 파괴적 시간을 파괴하면서 시간성의 굴레에서 해방되어 있다. 우리가 주목하는 '발해'의 발견 또한 이러한 인류학적, 혹은 고고학적 상상력이 빚어낸 하나의 상징적 세계라고 할 수 있을 것이다.

'막' 이라고 뱉으면 와락 과격해지고
'막막'이라고 되씹으면 문득 숙연해진다
사는 게 너무 막막해 아라연꽃 보러 가는 길

눈부신 지느러미를 퍼덕이는 햇살 아래 이제 막 끝물 연들이
전생을 되씹는 곳 막 살까, 혼자 웃는다 붉은 꽃잎 뚝뚝 진다

각본 없는 이 연극은 언제 막을 내리려나 차안과 피안을 건너
칠백년을 걸어온 이, 몸도 넋도 다 비우고 진흙탕에 주저앉아

저 봐라, 부르튼 입술로 게송을 읊조리신다
—「막」 전문

잘 알려져 있듯이 아라연꽃은 2009년 5월 경남 함안 성산산성에서 발굴된 고려시대의 씨앗에서 발아한 연꽃으로 700년이라는 시간을 씨앗의 형태로 견뎌오다가 드디어 꽃을 피운 연꽃이다. 그러니까 아라연꽃의 씨앗 속에는 700여년의 시간이 고스란히 응축되어 있는 셈인데, 그것이 다시 700년 후에 발아하

고 개화했다는 점에서 아라연꽃은 피안과 차안을 동시에 내포하고 있기도 하다. 700여 년이라는 피안의 시간을 뚫고서 차안으로 들어왔다는 점에서 그것은 피안과 차안의 경계를 왕래한 셈이 된다. 시인은 이를 '막'이라고 절묘하게 표현하고 있는데, 여기서 막은 각본 없는 연극의 막이라는 점에서 '한살이'로서의 한 유기체가 형성한 완결된 생의 존재자 내부에 형성된 막이라고 할 수 있다. 그것은 피안과 차안을 가르는 큰 막을 중심으로 해서 다시 700년이라는 전생의 수많은 시간의 막을 형성하고 있으며, 다시 이후에 이어질 내생으로서의 수많은 막을 잠재적 형태로 지니고 있다. 아득하고 그윽하여 막막해지는 경계가 아닐 수 없다.

이처럼 과거의 시간을 현재로 가져와 현현하고 있는 대상은 아라연꽃에 국한되는 것은 아니다. 시인이 펴낸 앞의 시집『루머처럼, 유머처럼』에서도「소녀 '22-01'」에서는 창녕 15호 고분에서 사랑니도 나지 않은 열여섯 소녀가 1500년 전 비화가야의 권력자 인근 무덤에서 백골상태로 발견된 사건을 다루고 있는데, 이 소녀의 백골은 1500년의 시간을 함축하고 있는 시간의 저수지이기도 하다. 또한「구천九泉 나들이」에서는 고구려 고분 벽화에 나타나 있는 철갑을 입은 사냥꾼의 모습을 부조하고 있는데, 이 고구려의 사냥꾼 역시 소녀의 백골처럼 헤아리기 어려운 시간의 막을 통과해서 현재에 도달해 있는 시간의 승리자인 셈이다. 그러한 반열에 '발해'라는 상징의 세계가 나란히 도열한다.

2. 섬, 시간을 알처럼 품고 있는

이번 시집에는 수많은 섬들의 이름이 제목으로 나열되어 있다. 비금도, 수섬을 비롯하여 청산도, 강화도, 울릉도, 제주도 애월, 보길도, 운염도, 계화도까지 유난히 많은 섬들이 등장하고 있다. 그리고 섬의 환유물인 '연안부두'와 '군산항' 등의 항구와 부두 등이 제목으로 수시로 출현한다. 이러한 현상은 시인의 의식 속에 어딘가를 향해 떠나고자 하는 의지가 무의식적으로 작동하고 있다는 하나의 방증이되기도 하지만, 섬이 함축하고 있는 어떤 가치에 대한 지향을 간직하고 있다는 증거이기도 하다. 이러한 추론이 설득력이 있는 것은 시인의 섬에 대한 시조 작품들이 곧장 '발해'라는 상징적 기표를 환기하고 호명하는 현상에서 확인할 수 있다. 시인이 창조한 섬의 이미지 속으로 들어가 보자.

> 폐경기의 외딴섬
> 시울 붉은 노을 아래
>
> 바람에 투항하는가,
> 백기 흔드는 삘기꽃
>
> 세월에 백기를 들고
> 나도 항복할까보다
>
> —「수섬」 전문

공룡알 화석산지가 있는 경기도 화성의 수섬은 재개발로 인해 사라질 위기에 처해 있는 섬이다. 수섬은 그것이 처한 상황이나 또한 유적지의 특성으로 인해서 시인이 시간에 대한 상념에 붙들리도록 하는 곳인데, 시간에 대한 상념은 곧 존재의 본질로 향하게 한다는 점에서 그곳은 곧 근원적인 장소이기도 하다. 시적 화자에게 포착된 수섬의 모습은 존재자의 끝물의 모습으로서 "폐경기의 외딴섬"이기도 하고 세월에 "백기를 흔드는 삘기꽃"이 장악하고 있는 섬이기도 하다. 파괴적인 시간의 힘과 그것이 행사한 폭력에 의해 그 결과가 선명히 드러나는 곳으로서 수섬이 설정되어 있는 셈인데, 이러한 정황에서 시적 화자는 세월에 백기를 들고 항복할 것을 생각한다.

그런데 세월에 백기를 들고 항복을 한다는 것은 무엇을 어떻게 한다는 것일까? 그것이 시간의 흐름에 몸과 마음을 맡기고 죽음을 향해 나아가거나 그것이 도래하기를 기다린다는 것은 아닐 것이다. 세월에 백기를 들고 항복한다는 것은 그것의 파괴적 힘을 인정하고 그것과 맞서는 것을 포기한다는 것이며, 그러한 점에서 세월에 항복한다는 것은 시간에 귀의한다는 것을 의미한다. 시간에 귀의한다는 것은 곧 시간의 가치를 발견하고 발굴하며, 시간의 자장 안에서 새로운 삶을 꿈꾸는 각성과 결단을 의미한다. 시간은 어쩌면 나를 파괴하고 무화시키는 기제이기도 하지만, 새로운 가치와 무한한 가능성을 우리에게 허용하는 원천일 수도 있는 것이다. 섬은 파도처럼 좀먹어 들어오는 시간의 파괴적 작용을 예각적으로 드러내는 장소이기도 하지만 고립된 공간으로서 변화를 거절하며 시간의 지층을 형성한다는 점에서 시간의 새로운 가능성을 담지하고 있는 공간이기도 한 셈이다. 다음 시가 시간의 긍정적인 가능성의 공간으로서 섬을 잘 보여준다.

"나 요즘 연애시 써, 도통 잠을 못 잔다니까"

계절로 치자면 늦가을쯤이고 하루라면 저물녘인 K가 롤리팝 같은 나타샤를 사랑하노라 고백합니다. 듣고 보니 비밀 같아 먼 수평선으로 눈길을 돌리는 나, 거짓이거니 농담이거니… 슬쩍 엿본 그의 두 눈이 우련 붉어집디다. 아, 병이 깊었구나! 나는 그냥 알 것만 같아 묵묵히 그의 뒤를 따라 걷습니다. K는 화난 듯 무안한 듯 저만치 앞서갑니다. 구부정한 뒷모습이 마치 나를 보는 듯해 눈물이 핑 돌았는데요. 나 또한 사랑에 빠져, 벼락같은 사랑에 빠져 발해를 놓지 못합니다그려. 그리하여 우리는 서로 함께인 듯 홀로인 듯 지치도록 명사십리를 걸었습니다.

나 또한 사랑에 빠져, 벼락같은 사랑에 빠져

—「비금도」 전문

K라는 인물이 롤리팝 같은 나타샤에 대해 사랑에 빠졌다고 고백하고, 이에 영향을 받은 시적 화자도 벼락같은 사랑에 빠졌다고 고백하는 시상의 전개를 보여준다. 그런데 왜 갑자기 K는 사랑에 빠져 연애시를 쓰고, 그 비밀을 엿들은 시적 화자도 벼락같은 사랑에 빠지는 것일까? 그리하여 시적 화자는 왜 '발해'를 놓

지 못하는 것일까? 그리고 이러한 내용들이 시의 제목인 '비금도'와는 또 무슨 상관이 있다는 것일까? 이러한 의문들이 꼬리에 꼬리를 물고 일어나게 한다.

전남 신안군 비금면에 있는 작은 섬으로 새가 날아가는 모습을 닮았다 하여 비금도飛禽島라는 이름이 붙은 섬. 하지만 굳이 K가 사랑에 빠져 사랑을 고백하고, 시적 화자도 사랑에 빠져 발해를 놓지 못하는 장소가 비금도일 이유는 없을 것이며, 섬이라는 공간이면 충분할 것이다. 왜 섬이라는 공간은 "계절로 치자면 늦가을쯤이고 하루라면 저물녘인 K가" 사랑을 고백하고, 시적 화자도 덩달아 사랑에 빠지게 하는 것일까? 그것은 섬이 지니고 있는 고립적인 공간적 특징도 있지만, 무엇보다 시간과 관련되어 있을 것이다. 다윈이 진화론을 쓰는데 결정적인 역할을 했던 갈라파고스 섬이 상징적으로 대변해주고 있는 것처럼 섬은 시간의 침입으로부터 자유로운 곳, 달리 말하면 시간이 지층처럼 쌓여 있는 곳이라고 할 수 있다. 생태학적으로도 그렇지만, 사회 역사적 의미에서도 그곳은 뭍의 역사적 사건이나 흐름에서 소외되어 있기 때문에 오히려 시간이 흐르지 않고, 고여 있는 것이다.

늦가을의 저물녘에 도달한 K가 사랑을 고백하고, 그 고백에 영향을 받아 시적 화자가 사랑에 빠지는 것은 그러니까 세속적 규율이나 도덕 등의 피상적인 가치에서 벗어나 삶의 본질적 국면을 발견한 어떤 선언이나 결단으로 읽을 수 있다. 황혼의 나이에 사랑에 빠지고 연애시를 쓴다는 것, 그리고 그러한 행위에 동의하고 동참한다는 것은 비본질적인 삶의 형식과 허영에서 벗어나 본질적인 삶의 가치를 향해 결단하는 하나의 사건에 속할 수 있다는 것이다. 그러한 본질적이고 근원적인 어떤 삶의 가치를 '발해'라는 기표가 대변해주고 있다. 벼락같은 사랑에 빠져 놓지 못하는 '발해'라는 기표는 현실적으로 존재하지 않으면서도 현실에 어떤 힘을 행사하고 있다는 점에서 우리의 존재를 형성하는 어떤 근원이나 본질과 통하고 있기 때문이다. 물론 이 '발해'라는 기표의 중요한 척도 가운데 하나는 시간성일 것인데, 섬이라는 공간이 시간성과 긴밀히 결부되어 있음을 다음 시가 선명히 보여준다.

> 파도가 지울 수 없는 그대 거기 있습니다.
> 돌담에 앉은 그리움은 늙을 줄도 모르는데
> 바다가 보이는 동산, 반쯤 삭은 초분草墳 하나
>
> 유채꽃에 감염 된 부스럼 같은 그 풀무덤
>
> 죽은 이의 긴 적막을 겹겹이 덮은 이엉자락 눈비바람에 시르죽어 시나브로 주저앉네요. 얼기설기 묶은 새끼줄 힘줄이 느슨해져 허물 벗은 누룩뱀처럼 능글능글 꿈틀꿈틀 꽃밭을 기어 다니다 길인 듯 세월인 듯 어느새 굽이굽이 바닷가로 흐릅니다. 그 길 위 울아부지 새끼 밴 암소 몰고 발해까지 가시려나, 구불구불 느릿느릿 백팔 년째 걸어갑니다. 눈먼 소리꾼 피를 토해 한마당 풀어내는 서편제 북장단이 이명처럼 번지는 곳 처음 가본 그 땅이 왜 그리 낯익은지 목 메이게 정겨운지 청동기쯤이나 수세기 전 내

가 태어난 마을도 같고 언젠가 나 초분에 누워 허허 막막 바닷바
람에 휘파람 휘휘 불며 한 삼년 젖은 살집 곰삭히던 언덕도 같은

그 섬에 넋을 빼놓고 몸만 겨우 돌아왔죠.

—「청산도」 전문

청산도는 파도가 지울 수 없다는 점에서 시간의 파괴적 힘이 미치지 않는 곳임을 알 수 있다. 물론 이 시에는 "눈비바람에 시르죽어 시나브로 주저앉"는 "반쯤 삭은 초분草墳"이 등장하기도 하고, "힘줄이 느슨해져 허물 벗은 누룩뱀처럼" 허물어지는 새끼줄이 등장하기도 한다. 그리고 상상적 장면이기는 하지만 "한 삼년 젖은 살집 곰삭히던 언덕"도 등장한다는 점에서 썩히고 식히는 등의 시간의 파괴적인 작용이 없는 것은 아니다. 하지만 초분 자체가 존재할 수 있는 곳이라는 점에서 섬은 고대의 시간을 고스란히 간직하고 있는 장소이기도 하다. 『삼국지 위지동이전』이나 『삼국유사』에 고대의 장례절차로 등장하는 초분이 이어지고 있다는 점에서 청산도는 고대의 시간이 고스란히 고여 있는 시간의 저장소인 셈이다.

더욱 중요한 것은 청산도가 과거의 시간을 끌어오고, 미래의 시간을 미리 당겨서 영원한 현재를 실현하고 있다는 점이다. "청동기쯤이나 수세기 전 내가 태어난 마을도 같고"라는 구절은 과거의 시간이 고여 있는 현재의 모습을 보여주고 있으며, "언젠가 나 초분에 누워 허허 막막 바닷바람과 휘파람 휘휘 불며 한 삼년 젖은 살집 곰삭히던 언덕"이라는 표현은 미래의 시간을 현

재로 미리 당겨와 현현하고 있는 모습을 보여준다. 청산도는 이미 지나간 과거라는 시간과 아직 오지 않은 미래라는 시간을 현재라는 시간에 중첩하여 시간의 계기성을 무화시켜버리는 신비로운 공간으로 설정되어 있는 것이다. 시간이 흐르지 않고 고여 있는 곳, 그래서 과거의 모습을 간직하고 있으며, 그것이 곧 미래의 모습과도 통하는 곳, 바로 영원한 현재로서의 신화적인 공간이 청산도인 셈이다.

이처럼 시간이 무화된 공간이기에 청산도는 발해에 이를 수 있는 곳이기도 하다. 영원한 현재라는 신화적 공간인 청산도는 발해라는 어떤 근원적이고 원형적인 가치를 지닌 공간으로 우리를 인도할 수 있는 것이다. "그 길 위 울아부지 새낀 밴 암소 몰고 발해까지 가시려나"라는 구절에서 알 수 있듯이, 청산도를 통해 갈 수 있는 발해는 "새끼 밴 암소"가 함축하고 있듯이 신비하면서도 생명력으로 충만된 곳임을 알 수 있다. 그곳은 파괴적인 시간이 작동할 수 없는 어떤 근원적이고 신화적인 곳으로서 우리에게 고향과 같은 포근함과 안식을 부여할 수 있는 곳이기도 하면서, 역동적이고 생산적인 에너지로 충만한 곳이기도 한 것이다. 그곳은 또한 "빨치산, 빨갱이 새끼, 일곱 살 실어증이 발길질에 돌팔매에 붉게 물들었습니다. 그때부터 두려울 때면 나 발해로 도망쳤지요. 허상의 국경을 넘어 꼭꼭 숨어 울었습니다"(「군산항」)라는 구절에서 알 수 있듯이, 인간의 인위적인 이데올로기와 같은 얄팍한 것들의 폭력성을 무화시켜버리는 어떤 정화와 신생의 공간이기도 하다.

3. '발해'라는 상징이 의미하는 것

결국 우리는 박해성 시인이 세 번째 시조집을 통해서 궁극적으로 도달하고자 하는 '발해'라는 곳에 도착했다. 그 과정에는 지금까지 짚어온 것처럼 시간의 파괴적인 국면이 작동하고 있으며, 그것에 대한 대안으로서 인류학적이고 고고학적 상상력이 동원된 화석이나 미라, 그리고 고분이나 아라연꽃의 씨앗 같은 것들이 등장하고 있었다. 그리고 궁극적으로 신화적이고 근원적인 의미를 지니고, 영원한 현재로서 존재하고 있는 '섬'이 등장했는데, 섬은 이미 지나간 과거의 시간과 아직 오지 않는 미래의 시간을 현재의 시간에 중첩하고 있다는 점에서 파괴적인 계기적 시간성에서 해방될 수 있는 가능성을 제기하고 있었다. 그리고 그 섬을 통해서 도달할 것이 바로 '발해'이다. 잠깐 살펴보았지만, 발해는 시간의 파괴 작용에서 벗어나 있는 근원적이고 원형적인 공간으로서 우리의 본질적인 모습을 환기하고, 세속적 가치에 절은 현대인을 정화하며, 역동적인 에너지로 넘치는 생명력의 공간이었다. 시간이나 섬의 이미지를 통해 암시한 발해의 모습이 이러하다는 것이다. 이제 구체적으로 발해를 다룬 시편들을 통해서 그 상징적 의미를 확인해 보자.

둥 둥둥 북소리가 천궁 활짝 엽니다.

아사달 아사녀가 비손하던 신라의 달이 발해 주작대로에 엷은 깁을 펼칩니다. 달떴다, 어둠을 밀어내는 누군가 한마디에 나는

> 즉시 애마를 몰고 갈기 휘날리며 키 작은 풀꽃들이 꿈꾸는 초원을 지나 할아버지의 할아버지가 말 타고 누볐다는 대륙의 바람 속을 적토마처럼 내달려 오래전 연암이 건넌 열하의 푸른 물에 부르튼 발을 씻으리니
>
> 참아도 터지는 울음, 방목해도 좋으리라
>
> ―「판타지아, 발해 –발해시편 1」 전문

발해를 직접 다룬 작품이다. 초장의 묘사를 보면, 발해란 하나의 원만구족한 세계이자 우주임을 알 수 있다. 사설조로 이어진 중장에서 알 수 있듯이, 그곳은 "애마를 몰고 갈기 휘날리며" 달릴 수 있는 호방한 대륙적 풍모와 원시적 생명력이 넘치는 곳이며, "할아버지의 할아버지"가 대대로 생명을 이어가던 어떤 신화적이고 근원적인 공간이기도 하다. 발해는 할아버지의 할아버지, 그리고 그 할아버지의 할아버지로 거슬러 올라갈 수 있는 곳이라는 점에서 근원적이고 원형적인 세계라는 것이다. 또한 그곳은 '달'과 '초원', '대륙의 바람'과 '열하'라는 강물이 지배하는 곳이라는 점에서 자연의 원형적 상징들이 그 비밀을 간직하고 있는 곳이기도 하다.

발해는 "신라"라든가 "연암" 등의 기표가 표상해주듯이 역사적인 공간이기도 하지만, 어디에서도 발견하기 어렵다는 점에서 하나의 유토피아와 같은 것이기도 하다. 그것은 역사의 기록이나 우리의 상상력을 통해서 흔적으로만 존재하는, 어디에나 있지만, 어떤 곳에도 없는 이상향과 같은 곳인 셈이다. 하지

만 그것은 시인이 자신의 몸을 지칭하면서 “나는 발해로 통하는 유일한 통로”(「앓다」)라고 언급하고 있듯이, 우리 민족의 유전자를 통해서 전달되고 있는 무형의 실체이기도 하다. 그리하여 그것은 “마두금 첼로보다 그 울림 더 절절해 피아니시모 흐느낌이 발해까지 다 적시는, 심금”(「심금心琴」)처럼, 영원한 그리움의 대상이기도 하다. 이 시의 마지막 구절에서 극적으로 등장하는 “참아도 터지는 울음”은 이처럼 가치 있는 하나의 세계를 잃어버린 상실감에서 터져 나오는 탄식일 것이며, 그러한 세계를 회복하고자 하는 열망의 표상일 것이다. ‘발해’의 필요성과 의미를 다음 작품이 구체적으로 보여준다.

며칠째 체한 듯이 명치가 뻐근합니다.

산책을 나섰지요. 상경의 중심을 관통하는 주작대로는 이 도시의 등뼈이자 동맥입니다. 대낮 천천히 도심을 거닐다 한 사내를 만났어요. 어느 전쟁터에서 부상을 당했는지 맨발로 절뚝이는 무장해제 패잔병, 봉두난발에 겹겹이 걸친 찌든 넝마조각이 그날 그 갑옷인 듯 참 버거워 보였습니다. 발해 변방 사투리인지 중얼중얼 히죽히죽 알 수 없는 혼잣말로 도깨비 허깨비처럼 흐늘거리는 젊은 사내 텅텅 비워 빈 눈동자 깊이를 잴 수 없는 먹먹한 그 어둠을 어쩌나, 나는 흘깃 훔쳐보고 말았는데요. 주변을 압도하는 장엄한 지린내 속에 시커먼 손가락으로 불어터진 국수발을 입속으로 쓸어 담는 아, 그도 한때는 천리마 잔등에서 활 쏘며 신출귀몰 이 산하를 주름잡던 용맹스러운 전사였을 터

여기는 어디입니까? 패배주의가 꽃피는

— 「체하다 -발해시편 4」 전문

상경의 중심을 관통하는 주작대로에 한 사내가 등장하는데, 그는 오늘날 광화문 대로를 배회하는 무기력한 현대인의 모습, 특히 길거리를 배회하는 노숙자의 모습과 겹쳐진다. 그의 모습은 부상당한 패잔병의 모습으로 묘사되고 있는데, "봉두난발"이라든가 "넝마조각" 등의 어휘들이 그의 일그러진 자화상을 대변해준다. 또한 "중얼중얼 히죽히죽 알 수 없는 혼자말"이라든가 "도깨비 허깨비" 등의 어휘들, 그리고 "텅텅 비워 빈 눈동자" 등의 묘사들은 그의 영혼이 건강하지도 그윽하지도 않다는 사실을 시사해준다. "주변을 압도하는 장엄한 지린내 속에 시커먼 손가락으로 불어터진 국수발을 입속으로 쓸어 담는" 모습은 그가 더 이상 인간의 존엄성과 품격을 지니고 있지 못함을 웅변해주고 있다. "한때는 천리마 잔등에서 활 쏘며 신출귀몰 이 산하를 주름잡던 용맹스러운 전사였을 터"인 그 사내가 이처럼 몰락한 이유는 무엇일까? 그것은 물론 '발해'라는 유토피아, 어떤 근원적이고 원초적인 생명력의 원천인 발해를 상실했기 때문일 것이다.

앞서 인용한 「판타지아, 발해 -발해시편 1」의 종장에서 "참아도 터지는 울음, 방목해도 좋으리라"라고 오열한 까닭이나 이 시에서 "며칠째 체한 듯이 명치가 뻐근합니다"라고 답답해하는 시적 화자의 태도는 바로 이러한 발해의 상실에서 오는 상실감을 대변해주고 있다. 발해의 상실은 육체의 피폐와 영혼의 고갈, 그리고 품격의 손상과 생명력의 상실로 이어지고 있는 것이다. 시적 화자가 종장에서 "여기는 어디입니까? 패배주의가 꽃피는"이라고 하면서 오늘날 우리의 현실을 패배주의로 진단하는 모습은 민족적 차원의 위축된 분단 현실을 상기하면서 왜소하고 나약해진 현대인들의 삶의 자세와 심성에 대해 환기해준다. 이러한 현실 진단은 곧 시인에게 왜 '발해'가 필요한지, 왜 시인이 그토록 '발해'라는 상징적 세계에 집착하면서 복원하려고 하는지를 역설해준다. 유한한 존재로서의 존재론적 현실에 눈을 돌리거나, 아니면 부조리한 현실 속에서 야생적 생명력과 호방한 품격을 잃어버리고 나약한 일상을 버텨가는 왜소한 현대인에 눈을 돌리면, "눈도 코도 귀도 없는, 살았는지 죽었는지 의심스러운 발해" 이기는 하지만, 시인은 언제나 "밀서 같은 침묵 속에 움트는 신생 왕조"(「행운목」)인 발해를 꿈꾸게 될 것이다.

박해성 시집

판타지아, 발해

발　행 2018년 12월 5일
지 은 이 박해성
펴 낸 이 반송림
편집디자인 김지호
펴 낸 곳 도서출판 지혜
계간시전문지 애지
기획위원 반경환 이형권 황정산
주　소 34624 대전광역시 동구 선화로 203-1, 2층 도서출판 지혜 (삼성동)
전　화 042-625-1140
팩　스 042-627-1140
전자우편 ejisarang@hanmail.net
애지카페 cafe.daum.net/ejiliterature

ISBN : 979-11-5728-308-8 03810
값 10,000원

박해성

박해성 시인은 2010년 《동아일보》 신춘문예(시조부문)로 등단했으며, 2012년 천강문학상 시조부문 대상 수상, 2015년 아르코문학창작기금 수혜, 2016년 올해의 좋은 시조집 선정, 2016년 세종우수도서로 선정된 바가 있다. 시집으로는 『비빔밥에 관한 미시적 계보』, 『루머처럼, 유머처럼』 등이 있으며, 현재는 자유시와 시조를 쓰며 작품활동을 하고 있다.
박해성의 세 번째 시조집인 『판타지아 발해』는 시집 전체가 '발해'라는 하나의 상징의 숲을 이루고 있다는 점에서 한국시조사에 기록될 만한 작품집으로 오랫동안 기억될 것이다.

이메일 : heystar92@daum.net